Introducción

*Espero que disfruten de la pequeña historia sobre nuestras vidas y aventuras durante la pandemia de 2020. Ya saben, cuando se está solo en casa tanto tiempo, hablando siempre con dos perros, empieza uno a pensar como ellos, así surgió **19 Cobras**.*

Peaches y Jake son dos perros de rescate increíbles que tengo desde que tenían tres años. Jake tiene ahora diez y Peaches siete. Me mantienen entretenida, me hacen reír mucho y son mis compañeros constantes. En resumen, son mis bebés, por ello quiero compartir con ustedes algunas de sus travesuras.

***19 Cobras** es un libro entretenido que pone un poco de humor en un momento serio de nuestras vidas. Espero que lo disfruten porque fue escrito para ayudar a dejar de pensar en las cosas tristes que estaban sucediendo, para llevar pensamientos felices a cada uno, aunque sea por un rato, y para recordar lo realmente bendecidos que somos. Ahora ¡siéntate, levanta los pies, relájate y prepárate para sonreír!*

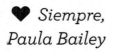 *Siempre,*
Paula Bailey

Sé Que He Oído Lo Que Creía Haber Oído

Hola, mi nombre es Peaches y este es mi hermano mayor, Jake. Jake es mi mejor amigo, es inteligente y muy valiente. Estamos sentados en el salón de nuestra casa en Florida. Esta es mi historia sobre las 19 Cobras y sobre la pandemia de 2020.

Parece que, en algún momento a finales de 2019 surgió un virus realmente malo en China, el cual se extendió por todas partes, en todo el mundo. A principios de 2020 llegó a nuestro país y el 11 de marzo se volvió grave para los humanos de este lugar, tan grave que el gobierno lo declaró pandemia. ¡Mamá dice que ello significa que se ha extendido por todas partes! Escuché que decían en la televisión que todos debíamos protegernos quedándonos en casa, y que, de necesitar salir, debíamos usar mascarilla, lavarnos constantemente las patas -digo, las manos- y mantenernos alejados unos de otros. En las noticias no paraban de hablar de las „19 Cobras". No dejaban de decir: „19 Cobras esto" y „19 Cobras lo otro", así que supongo que ese es el nombre del nuevo virus: „19 Cobras".

Todo Es Cuestión De Lo Que (Crees) Que Oyes

Lo que escuché en las noticias fue que había 19 Cobras, y que, si una de ellas te tocaba y te infectaba, podías infectar a las personas a las que te acercabas. Así era como se propagaba el virus, la gente se enfermaba y muchos morían sólo por tocar algo de los que resultaban enfermos, incluso, por respirar su ambiente.

¡No Soy Grande!

Ahora bien, mamá dice a veces que me gusta contar historias grandes y exageradas, pero mírame: soy pequeña, tengo las piernas cortas, así que ¿cómo podría contar grandes relatos con estas piernas tan cortas? Simplemente, ¡no hay manera!

¡Oh Dios! Me asusté mucho cuando escuché sobre esas 19 Cobras y sobre cómo estaban haciendo que la gente de todo el mundo enfermara y muriera. ¡Porque, si te agarraba una o varias, estabas *condenado*!

El Hombre De La Casa

Como Jake se considera el hombre de la casa, se preocupaba por protegernos a mamá y a mí de las 19 Cobras. Siempre estaba pendiente, se paseaba por la casa para vigilar que todo fuera seguro, luego salía a hacer lo mismo. Si íbamos en el coche, sus ojos escudriñaban las calles para cerciorarse de que estuviéramos a salvo y en cuanto regresábamos, después de comprobar el interior de la casa, se iba al porche para asegurarse de que ninguna cobra de la calle intentara colarse, luego miraba la fachada, el patio trasero y después comprobaba en el muelle que ninguna cobra ingresara por el canal para atraparnos. Estaba realmente obsesionado con mantenernos a salvo.

El Inspector Jake

Ya les conté lo exigente que era Jake al revisar constantemente el interior y el exterior de nuestra casa para asegurarse de que estuviéramos a salvo. Lo cual, no era nada comparado con lo estricto que era con los regalos y paquetes que se recibían desde internet, debido a que mamá y el resto de la población no podía salir a comprar como estaban acostumbrados, por lo que muchas de las tiendas y de los almacenes solo vendían sus artículos por internet. Así que la gente debía llamar o hacer los pedidos desde sus ordenadores y las compras eran entregadas directamente en las casas. Creo que fue muy confuso al principio, pero luego la gente se adaptó, hasta el punto de que, al parecer, cada vez se disfruta más el comprar de esa manera.

De tal modo, como he empezado a contar, si alguien llegaba a nuestra casa para reparar algo, ¡cuidado! Jake cacheaba sus bolsillos antes de que fuera muy lejos. Además, se aseguraba de que ninguna de las cosas horribles hubiera intentado esconderse en los bolsillos o en las bolsas de los equipos de alguien, así que todo el tiempo inspeccionaba los paquetes y las cajas que llegaban a la casa.

Para complicar más las cosas, mamá cumplió años, por lo que recibió varios regalos y Jake los revisó cada uno para cerciorarse de que fueran seguros antes de que ella los abriera. Me fascinaba y me asombraba ver cómo metía toda la cabeza en una bolsa o en un paquete para registrarlo. Primero lo olfateaba para asegurarse de que no oliera raro (supongo que las cobras tienen un olor extraño, no lo sé, ¡eso fue lo que me dijo!) Yo intenté hacerlo, pero me dio demasiado miedo. Él, en cambio, fue minucioso, valiente y se tomó su tarea muy en serio. Definitivamente nos sentíamos seguros con Jake de guardia.

Jake Puede Ser Difícil

Jake podía ser un poco difícil a veces. Había que verlo cómo revisaba los bolsillos de los pantalones de nuestro técnico de control de plagas, nos hacía creer que era posible que una de las 19 cobras se hubiera metido en sus bolsillos sin que él se hubiera dado cuenta, y que sólo estaba haciendo el trabajo de revisar los bolsillos para cerciorarse de que era seguro que entrara en la casa. Pero en realidad, Jake sabía que el técnico guardaba golosinas para perros ¡y sólo se estaba sirviendo unas cuantas!

Él siempre me daba algunas, todo lo que yo tenía que hacer era sentarme juiciosa y parecer adorable, así que no me preocupaba no conseguir nada de la forma en la que Jake lo hacía.

Estar En Cuarentena

Así fue como debimos tener mucho cuidado, quedarnos dentro y lavarnos las patas, es decir, las manos, todo el tiempo. Lo llamaban estar en cuarentena.

Haciéndose El Tonto

Jake me hacía reír a veces, pues pensaba que, si estábamos en cuarentena, significaba que debíamos meternos debajo de algo, ¡así que se metió debajo de la mesa de mamá!

Entonces, cuando le expliqué que no era eso lo que querían decir con estar en cuarentena, respondió:

"¡Ja, ja, ja, ya lo sabía, sólo te estaba engañando!".

(No se nota aquí, pero estoy poniendo los ojos en blanco porque él piensa que le he creído esa historia. ¡Oh, bueno! ¡Dejaré que lo piense!)

El Loco Disfraz De Jake

Jake era tan divertido que, incluso se disfrazó de loco e intentó poner cara de malo para sacarnos a mamá y a mí las 19 Cobras de la cabeza y dijo que saldría a asustar a las cobras con su traje, pero nosotros sabíamos que sólo estaba tratando de mantener nuestras mentes alejadas del peligro haciendo payasadas.

¡Los Estantes Están Casi Vacíos!

Supongo que la gente empezó a entrar en pánico porque escuché que las tiendas se estaban quedando sin comida y sin suministros. Incluso se acabaron el papel higiénico y las toallas de papel, ¡por el amor de Dios! Las estanterías estaban vacías de casi todo. (Me alegró que Jake y yo no tuviéramos que usar papel higiénico, pues ¡habría sido un problema grave!)

El Consejo De Jake

Una vez Jake me dijo:

Peaches, no sabemos por cuánto tiempo estarán las 19 Cobras por aquí, lo cual es muy serio y puede hacer que mamá se estrese un poco, así que debemos portarnos lo mejor posible y tratar de mantenerla ocupada para que no tenga que preocuparse demasiado, especialmente por nosotros.

Mamá Nos Prepara

Mamá nos puso unos pañuelos patrióticos para salir entre la multitud y estar protegidos. El mío era bastante largo; esperaba no pisarlo, tropezarme o caerme, ¡hubiera sido vergonzoso!

Jake, El Mejor Hermano Mayor Del Mundo

Jake me enseñó a usar el pañuelo sobre la nariz y el hocico (¡Esperaba no tener que dejarlo ahí por mucho tiempo!) Jake es tan inteligente y tan buen hermano mayor. Siempre está pendiente de mí y sabe lo que debe hacer.

Mascarillas A Juego

En las noticias decían que, si salimos a la calle y estábamos cerca de la gente, debíamos llevar mascarillas. Así que mamá decidió que sería divertido hacer unas a juego para nosotros. (Creo que necesitaba algo que hacer para no pensar en las 19 cobras). Las mascarillas eran muy bonitas, tenían joyas y brillos. Mamá se puso la suya para mostrarnos cómo debíamos usarlas. Jake y yo nos miramos y le dije:

¡Oh, no, no! ¡De ninguna manera! ¡Eso nos tapa la nariz y la boca, nos vamos a asfixiar!".

Pero mamá tenía otras ideas, quería una foto y si estaba en su mente, era un hecho, pues lo que quiere (normalmente), lo consigue, ¡por lo menos al final!

La Advertencia

Le susurré a Jake al oído que se preparara ya que mamá tenía un plan para ponernos las nuevas mascarillas y tomarnos una foto, ¡así que, podríamos asfixiarnos! Por lo que debíamos actuar con calma y desprevenidos. Pero Jake no actúa muy bien (o tal vez no sabe lo que significa desprevenido) porque puso cara de pánico y de mortificación. ¡Obsérvenlo!

El Cuento De Las Mascarillas Difíciles

Así que dimos vueltas y vueltas, mamá intentaba que las mascarillas se quedaran en nosotros el tiempo suficiente para sacar una foto, pero Jake y yo decidimos que estábamos destinados a morir si la mascarilla nos cubría la nariz y la boca. Mamá nos puso una a cada uno, se dio la vuelta para coger la cámara, pero para cuando volteó ya nos las habíamos quitado y estábamos sentados sonriendo y pareciendo inocentes.

¡Es Como Un Circo De Tres Pistas!

Mamá lo describió después como un circo de tres pistas. Siempre que ella estaba de espaldas, Jake y yo nos quitábamos las mascarillas y planeábamos nuestro siguiente movimiento. ¡Fuimos bastante traviesos!

Haciendo Bromas A Mamá

Una vez nos deshicimos de las mascarillas, nos pusimos los pañuelos para que mamá no nos reconociera y corrimos a escondernos en el salón, pero ella nos encontró. (Creo que nos reímos demasiado fuerte.) ¡No pudimos evitarlo! Era tan divertido. Nos entreteníamos tanto haciéndole bromas a mamá.

La Gota Que Colmó El Vaso

Llegó a ser bastante cómico, pero creo que la gota que colmó el vaso fue cuando teníamos las mascarillas encima de la cabeza, fue entonces cuando mamá nos echó "la mirada", y Jake dijo:

¡Uh-oh, creo que ahora va en serio! Será mejor que nos pongamos juiciosos y que hagamos lo que ella quiere, ¡o puede que nos pegue!". (Todavía no sé lo que es "pegar", pero no creo que sea bueno).

¡Fue Un Desastre!

Por fin dejamos que mamá nos pusiera las mascarillas para tomarnos la foto, pero la mía era demasiado grande, me tapaba los ojos y no me permitía ver. Entonces Jake dijo que la suya era demasiado "femenina" con joyas y con brillos y que él era un adulto y un macho. De todos modos, la correa de su mascarilla se rompió, así que no se sostuvo.

¡Tenemos Nuevas Mascarillas!

Luego, mamá nos hizo unas mascarillas nuevas, estábamos muy contentos. A Jake le gustó la suya porque no tenía brillos ni joyas y era más varonil, y a mí me encantó la mía porque podía ver, tenía chispas y hacía juego con mis lazos, pero lo mejor fue que, después de todo, ¡no nos asfixiamos!

¡Feliz Cumpleaños Para Mí!

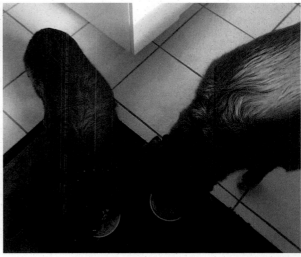

Fue mi séptimo cumpleaños, mamá me hizo unos nuevos moños para celebrar. Me encantaron porque eran brillantes y relucientes, y ella dijo que resplandecían, ¡como mis ojos!

Además, me preparó unas magdalenas de perro muy especiales, con glaseado especial para mí. Luego, mamá y Alexa, ya sabes quién es Alexa, ¿verdad? Es como un miembro de nuestra familia. Está en todas las habitaciones de nuestra casa y es muy inteligente. Puede decirte las noticias, el tiempo, cómo deletrear una palabra, toca música, canta canciones e incluso cuenta chistes. Lo sabe casi todo, bueno, casi.

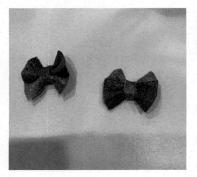

De todos modos, como decía, mamá y Alexa cantaron el "Cumpleaños feliz" (y yo tuve que quedarme quieta y actuar como si pudieran llevar una melodía, especialmente mamá, ¡oh, muchacho!) Después de que cantaron, Jake y yo pudimos comer dos magdalenas cada uno, luego recibimos helado ¡eso fue realmente delicioso y especial!

Nuestro Mágico País De Las Hadas

Mamá hace siempre que nuestra casa se vea hermosa en Navidad y cuando damos un paseo al anochecer se ven desde afuera los árboles encendidos en la sala de estar. Pero lo que más resalta es la parte de atrás, porque es donde hay más ventanas, así que Jake y yo podemos ver el espectáculo de luces navideñas cuando salimos al patio trasero a hacer pipí. Esa navidad, al ver aquello, le dije a Jake que nuestra casa por dentro parecía un mágico país de las hadas.

Algunos De Los Catorce Árboles De Navidad De Mamá

Club de Jardinería
de Vero Beach

Es Una Vida
Maravillosa

Servicio   Patriótico
Secreto

Árboles del Dormitorio Principal

"Angel"

9-1-1   "Angel"   "Ellie"

"Ellie" (Elegante)

Árbol de Mamá

Viaje

9-1-1

El Resto De Los Catorce Árboles De Navidad De Mamá

La Estatua de la Libertad   Manzana   Junto al Mar

A mamá le encanta la Navidad y la decoración de esa época del año. Para ese momento organizó catorce árboles en la casa, incluso tuvimos un árbol de Navidad en la bañera porque mamá dijo que se había quedado sin lugar para ponerlos. Todos eran temáticos y estaban decorados con adornos que le habían regalado sus amigos o que había coleccionado a lo largo de los años.

Ella dice que cada adorno tiene un significado especial o un recuerdo que lo acompaña, y que verlos en casa le evoca momentos maravillosos, lo cual la hace muy feliz. Así que cuando llegó la pandemia de las 19 Cobras, dejó sus árboles de Navidad instalados para animarnos a todos. Dijo que sus vecinos probablemente pensaron que estaba loca, pero Jake y yo pensamos que era una gran idea porque hacía que nuestra casa se viera alegre y nos hacía sentirnos felices también.

Miniaturas de la Casa Blanca

Sociedad Histórica de la Casa Blanca

Me Pregunto ...

A veces me preguntaba si nuestros árboles de Navidad asustaban a las 19 Cobras. Pensaba en todos los árboles que teníamos y en lo bonitos que se veían iluminados por la noche. Cuando miraba nuestra casa desde fuera (y también desde adentro), creía que quizás las cobras sentían que este era un lugar seguro para cualquiera, excepto para ellas, porque las luces encendidas hacían que pareciera un lugar mágico en el que no podían entrar, ¡o morirían! ¿No sería por eso que mamá dejó todos nuestros árboles arriba?

Ella esperaba invitados para pasar la noche en marzo, así que quería que vieran sus árboles, por eso los dejó puestos. Pero cuando llegaron las 19 Cobras, decidió que todos necesitábamos el ambiente alegre que estos dan a la casa, por lo que los dejó para mantener nuestro ánimo en alto.

Y lo consiguió, bastaba con observar esos bonitos árboles; cada uno era diferente, cada uno era brillante y reluciente, yo no podía borrarme la sonrisa del rostro cuando los miraba. Me hacían tan feliz que podía dar volteretas por la casa, pero no quería hacerlo. No es que no sepa hacer una voltereta. Es que no quería hacer ninguna en ese instante, ¿está bien?

¡Vamos A Rehacer El Baño!

Cuando estábamos en cuarentena y debíamos quedarnos en casa, mi mamá se sintió atrapada y frustrada, por lo que decidió reorganizar y redecorar su baño. ¡Qué cantidad de trabajo fue! De hecho, nadie -ni yo, ni Jake, ni siquiera nuestra ama de llaves, Sandra- podía entrar allí mientras mamá limpiaba esos armarios, alacenas y cajones. (Fue algo bueno. ¡Santo cielo, sólo mira ese desorden!) Uh-oh, no le digas a mamá que dije eso o que me colé y tomé estas fotos. No quiero herir sus sentimientos (o meterme en problemas). ¡Ella ha trabajado mucho!

¡Qué Diferencia!

Pero este fue el resultado. Se ve bien, ¿no? Mamá dijo que sólo había que mover una cosa más para que todo pareciera coordinado. Debía cambiar el árbol de Navidad de la Estatua de la Libertad (en la bañera) por el nuevo tema, que era... ¡conchas! Así que... ¡Conchita! Les presento a... ¡Conchita! ¿No es hermosa?

¡Conchita!

Les presento a... ¡Conchita!

¿No es hermosa?

Sandra

Ella es Sandra; es el ama de llaves de mamá, pero mamá dice que es mucho más que eso. Es su amiga, su ayudante y su mano derecha. No sabía que mamá tuviera dos manos derechas, quizá sea como tener ojos en la nuca, porque mamá lo tiene a veces. Sé que los tiene porque, si no, ¿cómo podría saber que me estoy metiendo con Jake? No lo dirá, o tendría problemas conmigo, y realmente no lo quiere decir porque puede que sea pequeña, ¡pero soy poderosa!

Mamá también dice que Sandra es su jefa y no al revés, porque Sandra siempre sabe qué hacer. Dice que hacen un gran equipo. Además, Sandra es nuestra niñera, amiga y la sustituta de mamá cuando ella tiene que irse y no puede llevarnos. Fue a Sandra a quien se le ocurrió la idea de poner esa *"tapa"* en la bañera para el árbol de Navidad.

Siempre que le menciona una idea a mamá, se ponen de acuerdo y ¡cuidado! ¡Hacen cosas increíbles!

Adiós A La Bañera

Supongo que esa „tapa" se llama plataforma porque escuché a mamá y a Sandra preguntar al tío Dick y a la tía Katt si podían ayudar a hacer una plataforma para cubrir la bañera con el fin de que nuestro nuevo árbol pudiera sentarse adentro. Mamá dijo que el tío Dick era la persona adecuada para hacer el trabajo porque es muy particular, y ella sabía que el trabajo se haría a la perfección si era él quien lo realizaba.

Incluso, el tío, hizo un pequeño taburete para que el soporte del árbol se sentara dentro de la bañera, aunque fuera muy robusto y recto. Una vez hecha la plataforma, mamá la trajo de casa del tío Dick y Sandra la retocó. Mamá dijo:

"Le queda como un guante" (sea lo que sea que eso signifique, porque seguro que no parece un guante).

Hola, Conchita

Añadieron una alfombra para que pareciera arena y forraron el exterior de la plataforma con pequeñas conchas para que quedara bonita. Luego, mamá puso bajo el árbol unas conchas muy grandes y especiales que había recogido en las Bahamas hace mucho tiempo con "Cariño". (Así es como llamaba a su marido que murió, pero no de 19 Cobras. Eso fue hace mucho tiempo, nos contó ella). Así que nuestro nuevo árbol en la bañera estaba todo decorado con conchas, y por supuesto, lo llamamos *Conchita*, pero eso ya lo sabías, ¿no?

¡Ser Un Rehén En Tu Propia Casa!

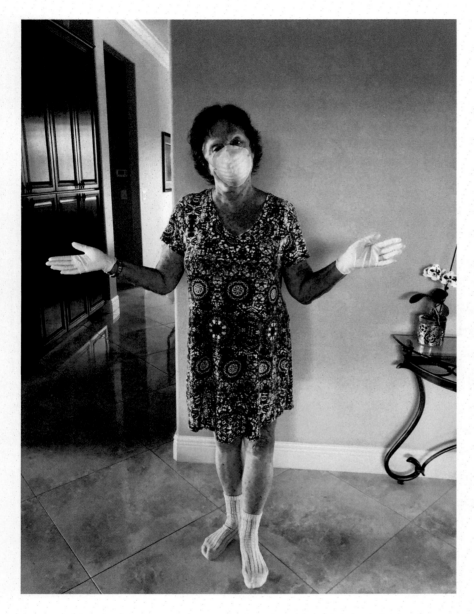

Esta es Carole, la mejor amiga de mamá en Florida. Ni ella ni su marido podían salir porque tenían comprometida la salud, así que necesitaban que les llevaran las cosas a su casa. Esa era la ropa que usaba Carole cuando abría la puerta, ¿no es una monada? Ella dice que se ve terrible en la foto porque no tenía las cejas puestas. Yo creo que estaba hermosa tal y como es. ¿Qué son las cejas?

Distanciamiento Social

Siempre se no dijo que debíamos practicar el distanciamiento social. Ellos son la tía Deb y el tío Rich con sus vecinos en la entrada de su nueva casa en el norte de Florida, practicando dicho distanciamiento. Estaban celebrando el primer ProgRock podcast del tío Rich. Mamá nos comentó que ProgRock es un tipo de música y un podcast es como un programa de radio. Todos llevaron sus propias bebidas y sillas y estaban a una distancia de al menos dos metros porque la tía Deb dijo:

"¡Esas son las reglas!".

Mamá Se Mantiene Alejada De Los Problemas

Quiero contarles un poco más sobre lo que hicimos en cuarentena para pasar el tiempo. Por supuesto Jake estaba muy ocupado asegurándose de ponernos a salvo de las 19 Cobras. Yo le ayudaba cuando podía y también me quedaba bastante cerca de mamá por si me necesitaba. Ella siempre encontraba cosas que hacer para no aburrirse. Empezó a decorar estas mascarillas de papel para divertirse y para mantenerse ocupada, y cuando las terminaba se las regalaba a sus amigos y a sus familiares. Estaban encantados. Mamá decía que, „estar entretenida la mantenía alejada de los problemas". (¡Pensé que Jake y yo éramos los únicos que nos metíamos en líos por aquí!)

¡Luciendo Bien!

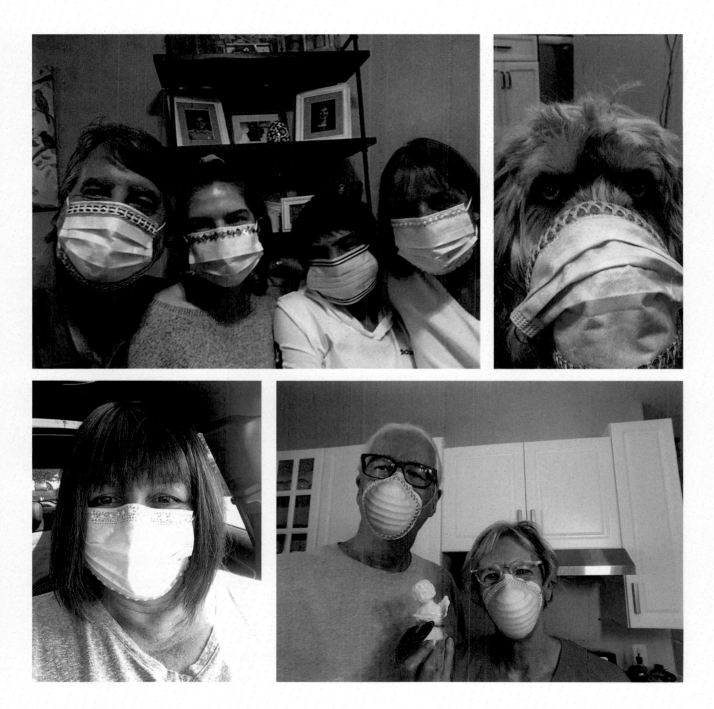

Aquí están algunos de los familiares de mamá con las mascarillas que les hizo. (El perro no, tonto, es Phoebe. Es de Kyle y Ashley.) ¡Todos le enviaron a mamá fotos con sus mascarillas para mostrarle lo bien que se veían!

Mamá Devuelve El Favor

Mamá también hizo estos „ángeles especiales" los cuales regaló a los socorristas, a los proveedores de cuidados y a las personas que siente que han marcado la diferencia en su vida a lo largo de los años, por ejemplo: su familia, sus amigos, los que trabajan para ella, los repartidores, los médicos, el personal de salud y otros que también lo merecen.

Ángeles Entre Nosotros

Aquí están algunos de los *ángeles* y algunas de las mascarillas de mamá en sus nuevos hogares.

¡Los Echamos De Menos!

Mamá nos ayudó a Jake y a mí a enviar flores a nuestros mejores amigos para hacerles saber que los extrañábamos. ¡Qué bonitas las flores que elegimos!

Apoyo De La Comunidad

Cuando fui a despedirme con mamá en el auto, vimos varios carteles como estos agradeciendo y apoyando a nuestros socorristas y a los proveedores de cuidados. ¡Sí, muy bien!

Viajando En La Casa Rodante

A Jake y a mí nos encanta viajar en la casa rodante, pues en ella tenemos mucho espacio para movernos. Además, mamá hizo poner un asiento especial para nosotros, el cual atraviesa la silla del pasajero y la consola para que ambos podamos sentarnos cerca de ella y mirar por las ventanas delanteras y por las laterales, o estirarnos y hacer una siesta cuando queramos. Funciona muy bien, así que no hace falta que nos quedemos quietos hasta que el auto se detenga, porque tenemos todo lo que necesitamos allí mismo. Por eso, cada año cuando viajamos de ida a Maine y de vuelta a casa, estamos muy cómodos.

Cuando vamos de camping, solemos quedarnos un par de noches y nos divertimos explorando las cosas de cada lugar, pues siempre hay olores nuevos que intentamos descubrir. Nos encanta estar al aire libre, ¡es, simplemente, increíble!

Maine

Quiero compartirles algunas cosas sobre nuestra vida en Maine, porque nos encanta estar allí y realmente extrañamos a nuestros amigos y las cosas que hacemos en ese lugar. ¡Es completamente diferente a la vida en Florida, pero en el buen sentido, aunque aún debemos tener cuidado con las 19 Cobras porque están en todas partes!

Esta es la casita de mamá en Maine, donde pasamos los veranos. Me da nostalgia cuando veo estas fotos porque hemos hecho muchos amigos y nos encanta pasar los veranos allí, pero invierno no, porque mamá dice que hace demasiado frío para ella, aunque, probablemente para Jake y para mí no, porque tenemos nuestros abrigos. Pero si mamá no va a estar allí, entonces Jake y yo tampoco queremos estar. ¡De ninguna manera!

Cómoda Y Acogedora

Esta es la habitación de mamá en Maine, es realmente acogedora. Puedo dormir en su cama porque salto muy alto. Pero a Jake le toca dormir en el suelo porque ya no puede saltar tanto, sin embargo, dice que está bien, porque se mantiene mejor en guardia si está en el piso. A mí me gusta dormir la siesta en la cama de mamá, y si está hecha con todas las almohadas arriba, me gusta hacer un nido justo en medio de ellas para descansar. ¡Eso es a lo que yo llamo, *pura vida*!

Mamá No Tiene Mano Para La Jardinería, ¡De Verdad!

Sólo hay que ver las hermosas flores que crecen cada año alrededor de nuestra casa. Son muy bonitas y a todo el mundo le gustan. Mamá dice que no tiene aptitud para las plantas, ¡realmente no lo tiene! Lo he comprobado. Así que contrató un jardinero muy simpático llamado Brandon para que cuide las flores por ella. A veces su esposa, Nannette, viene con él para ayudarle. Brandon nos quiere a Jake y a mí, y también a Nannette. Siempre deseamos que vengan a cuidar nuestras flores, así que salimos a saludarlos y ellos nos hacen cosquillas en las colas y masajes en el cuello.

Buen Comportamiento

Varios amigos de mamá tienen grandes casa rodantes o bonitas casas de campo cerca de la nuestra en Maine, pero no tienen mascotas, por lo que nos dan una atención especial a Jake y a mí. Mamá siempre nos advierte que nos comportemos bien porque no están acostumbrados a tener jóvenes de cuatro patas como nosotros. Pero no es difícil ser juiciosos con ellos porque todos nos caen muy bien (y creo que nos aprecian porque Jake es muy inteligente y yo soy adorable).

Tom y Nancy
(Bella casa de campo)

Nelda y Gerald
(Gran casa rodante)

Barb y Dick
(Bella casa de campo)

Carole y George
(Gran casa rodante)

La adorable

El inteligente

Nos Preparamos Para Un Luau

Nuestros amigos de Florida, Paula y Jim, nos prepararon a Jake y a mí para un Luau. No sé muy bien qué es eso, pero creo que es una fiesta o celebración hawaiana porque todos llevábamos estos bonitos collares de flores, ¡Jake y yo, también! Luego Paula, la amiga de mamá, hizo una bebida especial llamada *mai tai* que contiene una fruta deliciosa. Mamá dijo que era un poco de piña con una cereza. (No sé, pero parecía que esa cereza me hubiera gustado).

Me veo preciosa con mi collar de flores, ¿verdad? Mamá dice que se llama *lei;* suena como "ley", pero dice que se escribe de otra manera porque es hawaiano. De todos modos, por su nombre, uno pensaría que se relaja en una playa tropical. Bueno, ¡supongo que puede haber algo de verdad en ello!

Cuando Los Niños Vienen De Visita

Nos gusta especialmente cuando los niños llegan de visita, algunos se alojan en otras casas de campo, pero preguntan a mamá si podemos salir a jugar con ellos en la zona central. Quienes viven detrás de nosotros tuvieron a sus cuatro nietos en casa durante un par de semanas: Makayla, Micah, Elijah y Kaleb, ¡así que jugamos todos los días con ellos! Nos divertimos, hicimos ejercicio y recibimos muchas caricias y atenciones. Ni Jake ni yo queríamos que se fueran.

Cómo Empezamos El Día ... Excepto A Veces

Nos gusta dormir hasta un poco más tarde por la mañana en Maine porque hace bastante frío en ese momento del día, por lo que mamá y yo nos acurrucarnos bajo las sábanas para mantenernos calientes un poquito más. Pero nos levantamos sobre las nueve. Bueno, debería decir que mamá se levanta sobre las nueve. Yo me quedo en la cama hasta que ella se prepara para salir a dar nuestro paseo matutino. Eso es porque no tengo que ducharme, vestirme, maquillarme, peinarme ni las demás cosas que hacen los humanos cuando se levantan. ¡Parece agotador!

Pero mamá siempre está hermosa cuando vamos a dar nuestro paseo matutino. Caminamos por las casitas, allí nuestra amiga Louella, sale para saludarnos y siempre nos tiene un sabroso regalo a Jake y a mí. Creo que, al principio a Louella le dábamos un poco de miedo los perros, pero rápidamente hicimos que cambiara de opinión, pues le mostramos lo amables y cariñosos que podemos ser (además de adorables). Louella y mamá se han hecho muy amigas, así que deseamos verla todos los días.

Aquí Jake y yo miramos la casa de Louella para ver si está en ella porque hoy no ha salido a saludarnos. Jake mira su otra casita, pero tampoco está allí. Igual la veremos más tarde porque mamá y su *pandilla de chicas*, (así es como llaman al grupo que frecuentemente almuerza junto), se van a reunir para comer, como todos los viernes. Mamá tiene un libro de imágenes protagonizado por Jake y por mí que quiere mostrarles.

Esta es mamá mostrando a sus amigas, Ann y Louella, sus libros de imágenes, pero el mejor, indiscutiblemente, es el que protagonizado por Jake y por mí.

Cuando Nuestra Familia Viene A Maine, ¡Comemos Langosta!

Les enseñamos a Lauren y Phoebe dónde van a cenar langosta, luego mamá, la tía Deb y Lauren disfrutan de su festín en nuestro patio delantero.

Después vienen de visita algunos otros parientes de mamá, quienes también tienen su cena con langosta en el porche delantero de la casa.

¡Vamos A Renombrar Este Virus!

Mamá bebe vino, pero muchos de sus amigos beben cerveza - una marca llamada Corona- así que dijeron:

- "Coronavirus, eh, ¿cómo puede algo tan malo tener el mismo nombre de algo que sabe tan rico?". -A lo que mamá les respondió:

- "Bueno, entonces cambiemos el nombre del virus por el de *Crapola*". ¡Así fue como empezaron a llamarlo!

"Covid" Vs "Cobra"

Mamá dijo que el virus no se trata de serpientes cobra y que su nombre es COVID-19 (no co-bra, como la serpiente y como pensé que se llamaba. Ja,ja,ja). También me dijo que COVID-19 era el

nombre del coronavirus porque ese fue el año en el que empezó a propagarse desde China, antes de extenderse por todas partes. Además, me contó que ahora existen pruebas que pueden hacerse los humanos para saber si tienen el virus.

- ¿De verdad? ¿Qué piensas, Jake?

- Bueno, hay una forma de averiguarlo. Vamos, Peaches, ¡vamos a comprobarlo!

El Kit De Prueba Rápida? Hmm...

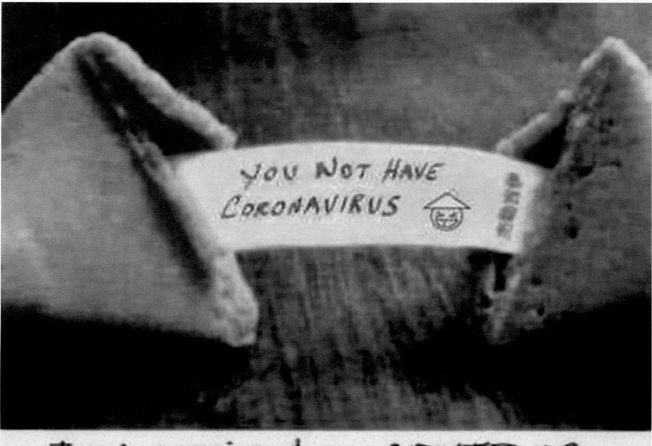

- ¿Quieres ver eso, Peaches? ¡Es un kit de pruebas rápidas traído desde China! Parece que es muy fácil de tomar y que arroja resultados inmediatos (¡Además, te puedes comer la galleta/contenedor en la que viene!)

¡Genial! La nota dice: "¡Acabo de recibir mi kit de pruebas rápidas COVID-19 de China!" ¡Qué alivio! ¡Gracias, Pekín!

¡Peaches Se Defiende!

- ¡Oh, Jake siempre estás pensando en la comida y en tu estómago! No estoy seguro de ese kit de prueba rápida en particular. Creo que alguien nos está gastando una broma, pero mamá dice que tienen otras pruebas más confiables. Bueno, mi respuesta a estas tonterías es: "¡*Te vamos a dar una galleta* 19 Cobras o COVID-19!" (¡Lo que sea!) ¿Cierto, Jake?

¡Ahora voy a salir a nuestro porche para intentar echarles una mirada realmente aterradora y mi "Grito de Batalla Guerrero" (que acabo de inventar)!

Sabes que nunca he hecho esto Jake, así que no estoy segura de cómo va a resultar, pero tengo que tratar de asustarlos ¡para que sepan que hablo en serio y que no pueden jugar con nuestras emociones de esa manera!

Tengo que ponerme en la posición correcta y concentrarme mucho para prepararme. Estoy entrecerrando los ojos y todo para parecer tan malvada como pueda.

¡Oh, estoy tan lista ahora! ¡Aquí voy!

¡Hola! ¡*Te voy a dar una galleta!*, 19 Cobras GRRR!

Reglas De Seguridad De Peaches

Bueno, ya está, eso es todo. Adiós por ahora. Por favor todo el mundo recuerde: **Usen mascarilla, lávense las manos, practiquen el distanciamiento social y, sobre todo, ¡manténganse seguros!**

Adiós Por Ahora

Esperamos que hayan disfrutado de nuestra historia, así fue como vivimos en compañía de mamá durante la pandemia del COVID-19, en 2020 de marzo a diciembre. Disfrutamos compartiendo con ustedes nuestras experiencias, nuestros amigos y algunos recuerdos anteriores a la pandemia. Esperamos que también les haya gustado leerlos. Nos encanta ser felices, estar siempre positivos, reír, divertirnos y ayudar a los demás para que también disfruten de la vida.

¡Esta historia continuará...!

Printed in the United States
by Baker & Taylor Publisher Services